Windows :

Die Neuerungen aus

Windows 10

im Überblick

Thomas Peter

VORWORT

Dieses Buch zeigt eine kurze Übersicht über die Neuerungen, die uns mit Windows 10 erwarten. Üblicherweise werden von Microsoft die User- und die Server-Version des Windows Betriebsssystems in einem relativ engen zeitlichen Zusammanghang präsentiert. Auch wenn ihr Einsatzzweck und der gegebene Funktionsumfang stark voneinander abweichen, so sind doch beide Versionen mit einer sehr ähnlichen Benutzer-Oberfläche ausgestattet. Daher gelten viele der Neurungen für beide Varianten des Betriebssystems.

Neben der Benutzeroberfläche und dem Handling werden auch neue Funktionen angesprochen.

Wir werden versuchen den Flickenteppich an Informationen etwas zu verdichten und zu einem Bild zusammenzufügen, das den Einstieg in die neuen Techniken etwas vereinfachen soll.

Nähere Informationen zu Windows 2016 und PowerShell 5.0 werden in einem weiteren Buch geschildert.

.

Inhalt

Windows 10..3

Die Windows 10 Versionen 3

Die Windows 10 Upgrade Möglichkeiten..5

Was gibt es nicht mehr 7

PCs, Tablet, 2in1...8

Startmenü 9

CMD 12

Cortana..14

Edge Browser 19

Continuum Tablet Mode 25

Device Encryption 26

Virtuelle Desktops..27

Integrierter Identifikationsschutz 29

Verbesserungen für den Schutz vor Datenverlusten 30

App-Store 31

Updates..32

Windows Apps : Photo, Map, Mail...33

Universal Apps - Eine für Alle 35

XBox 36

Windows 10 Enterprise...37

Remote Access Service...38

Windows Update for Business 39

Long Term Servicing Branch LTSB 41

Windows 10 mobile 43

Device Guard...44

Windows Explorer 45

Windows 10 Installation und Konfiguration 46

Windows 10 installation und Upgrade...46

Windows 10 Konfiguration 51

Einstellungen..52

User 52

Systemsteuerung 54

Powershell...54

Über den Autor 55

Windows 10

Hier werden wir einen Blick auf die Neuerungen in Windows 10 werfen. Dazu gehören die technischen Neuerungen und eine Übersicht über die verschiedenen Versionen die von Microsoft angeboten werden.

Die Windows 10 Versionen

Folgende Versionen werden von Microsoft angeboten :

    W 10 Home
    W 10 Pro
    W 10 Enterprise
    W 10 mobile
    W 10 mobile Enterprise

Die Preisangaben schwanken derzeit zwischen 119 $ und 199 $. Am Markt wird sich das aber sicherlich anders darstellen, da die meisten Windows-Versionen im Bundle mit einer Hardware für den Käufer dann im Preis enthalten sind – und die Hardwarehersteller werden für eine Windows 10 Home – Edition keine 119$ zahlen! Und die Unternehmen haben oftmals Lizenzabkommen bei denen dann ebenfalls keine 199$ für eine W10 Lizenz auf der Rechnung stehen.

Die Optionen der einzelnen Versionen bauen aufeinander auf : Windows PRO bietet also die Optionen aus Home und zusätzlich ... und so weiter.

Hier also zunächst die Übersicht über die Features :

Windows 10 Home :
PCs, Tablet, 2in1	W10 läuft so auf allen Rechnern. Es gibt "keine" Unterschiede ...
Cortana	Die Spracherkennung läuft nun auch auf den PCs
Edge Browser	Der neue Browser : "Projekt Spartan" wird ebenfalls eingesetzt

Continuum Tablet Mode
Device Encryption
Hello Face-Recognition
Iris + Fingerabdruck login
Windows Apps : Photo, Map, Mail...

Universal Apps - Eine für Alle	Apps laufen jetzt überall

XBox

W 10 Pro
Windows Update for Business
Assigned Access
Enterprise Mode Internet explorer
Diese Features der Pro-Edition sind nicht neu :
Domänenmitgliedschaft, Bitlocker, Remote Access Service, GPO

W 10 Enterprise
Direct Access, AppLocker, BrancheCache   -   dies gab es schon!
Start Screen Kontrolle per GPO
Long Term Servicing Branch
Device Guard
Windows to go Creator

Später werden wir die Features im Detail besprechen.
Bei den Mobile-Devices gibt es neben Windows 10 Mobile moch Windows 10 Mobile Enterprise. Windows 10 Mobile enthält neben den Windows Apps noch Continuum for Phone, ein Touch-optimiertes Office und Produktivitäts- und Sicherheitsfeatures in Unternehmensumgebungen. Die Enterprise-Edition enthält zusätzlich das Update Management for Business.

Die Windows 10 Upgrade Möglichkeiten

Ein Upgrade ist von den Windows – Versionen 7 SP1 oder Windows 8.1 Update 1 aus möglich. Erste Versuche dazu waren in der Praxis erfolgreich. Dazu wurde eine ISO-Datei von Microsoft heruntergeladen und gemountet. Dann muss nur noch das Setup gestartet werden.

Über eine von Microsoft bereitgestellte APP kann auch getestet werden, ob das System für ein Upgrade geeignet ist. Es kommt dann die folgende Meldung :

Geht! – oder auch nicht ... Aber an derartige Verwirrungen muß man sich – nicht nur bei Microsoft – gewöhnen...

Wir haben hier z.B. einen Windows 7 Rechner relativ problemlos auf Windows 10 upgegradet. - Relativ Problemlos bedeutet : der erste Anlauf ging schief. Es handelte sich um einen Rechner mit einem 32 Bit Processor (Intel Core 2 Duo T5670 1,8 GHz) und 4GB RAM. Die Schwierigkeiten lagen darin begründet, das der Rechner seit einem Jahr nicht mehr gelaufen war und die letzten Updates fehlten. Nachdem die 147 Updates installiert waren, lief das Upgrade dann durch. Die Programme liefen dann auch alle - bis auf "Virtual PC" – da auf W10 jedoch Hyper-V läuft, hat Virtual-PC auf diesem System aber auch nichts mehr zu suchen!

Wird derzeit Windows 7,8 oder 8.1 eingesetzt bekommt man das Upgrade auf Windows 10 umsonst. Zusammen mit den normalen Updates bekommt man den Hinweis auf ein konstenfreies Upgrade. Dazu kann man sich aber auch auf der Microsoft Website anmelden.

Hier zunächst eine Übersicht auf welchem Weg man an das neue Betriebssystem kommt :

Altes BS	über ISO	Windows Update
XP, Vista	NEIN	NEIN
Windows 7 RTM	JA	NEIN
Windows 7 SP1	JA	JA
Windows 8	JA	NEIN
Windows 8.1 RTM	JA	NEIN
Windows 8.1 S14	JA	JA
Windows RT	NEIN	NEIN
Windows Phone 8.0	NEIN	NEIN
Windows Phone 8.1	NEIN	JA

Zu beachten ist dann nur noch, dass die richtigen Editionen verwendet werden.

Heißt :

Windows Ausgangs-Version	Windows Ziel-Version
Windows 7 Starter, Home Basic, Home Premium, Windows 8/8.1 Core	Windows 10 Home
Windows 7 Professional and Ultimate, Windows 8/8.1 Pro	Windows 10 Pro
Windows 7/8/8.1 Enterprise	Windows 10 Enterprise

Was gibt es nicht mehr

Bevor wir einen Blick auf die Neuerungen werfen : Das Media-Center gibt es nicht mehr. Bei einem Upgrade auf einem System, das das Media-Center enthielt, wird es gelöscht! Man muß sich dann einen Ersatz besorgen und installieren! Erstaunlicherweise ist die GPO, mit der das MediaCenter deaktiviert wird aber noch vorhanden.

Was ebenfalls rausgeflogen ist, sind die "Charms", die an der Seite eingeblendet wurden.

Auch funktioniert im Startmenu die direkte Eingabe von Apps/Befehlen (im Sinne von : Startfenster auf und einfach so lostippen ...) nicht mehr. Das war eine durchaus praktischen Sache.

PCs, Tablet, 2in1

Das neue Betriebssystem Windows 10 wird erstmals in gleicher Form auf unterschiedlichen Plattformen realisiert. Was für den Benutzer bedeutet, das es keinen Unterschied mehr macht ob er auf seinem PC, dem Tablett, einem Hybrid Rechner (2in1) oder auf einem Windows-Phone arbeitet – alles fühlt sich gleich an!

Es wird auf allen Systemen die Möglickeit geben das System über ein Touch-Pad per Gesten zu steuern ebenso wie die Spracheingabe Cortana. Die Systeme wachsen auch weiter zusammen. Das Fotos, Termine und so weiter, auf verschiedenen Geräteten verfügbar sind ist nicht besonders neu. Durch das Zusammenführen der jeweiligen Tools hat man bei Windows aber schon ein besseres Gefühl für eine einheitliche Umgebung, die die Arbeit vereinfacht. Was dann für Windows schon neu ist ...

Startmenü

Das Startmenu ist in Windows 10 jetzt an altgewohnter Stelle. Durch klicken auf das Windows Symbol werden wieder entsprechende Optionen angezeigt. Auch das Herunterfahren und der Neustart des Systems werden hier ausgelöst. Und die Beschriftung für den Button ist in der Preview jetzt auch von "Leistung" (die direkte Übersetzung aus dem englischen Power ...) auf "Ein / Aus" geändert worden!

Zunächst werden die meist genutzten Programme direkt angezeigt. Darunter unter : "Alle Apps" dann der Rest. Mit einem Rechts-Klick auf die App kann sie an das Startmenu als Kachel angeheftet werden. Dort können

die Kacheln in Gruppen eingeteilt werden. Klickt man über den Apps in das leere Feld erscheint eine Eingabe für den Gruppen-Namen.

Man kann die Apps den Gruppen zuordnen, indem sie dorthin gezogen werden.

Wird eine App in einem leeren Bereich unten angehängt, so kann dort eine neue Gruppe aufgemacht werden.

Die Zuordnung und Konfiguration ist insgesamt sehr undurchsichtig. Ein Rechts-Klick auf der Fläche der Kacheln macht nichts! Ein Rechts-Klick auf die Kachel, ermöglicht eine Größenänderung.

Ein **Startmenü ohne Kachel** einzustellen erreicht man, indem man schlicht alle Kacheln löscht!

Die Einstellungen für das Startmenü erfolgen über ... ja tatsächlich ... den Punkt : Einstellungen im Startmenü!

Oder über Win-I

An die Farbsteuerung kommt man auch über die Eingabe von :

    Win-R   um das Fenster "Ausführen" zu öffnen
    Control Color   öffnet das Konfigurationsfenster

Über : Startmenu -> Einstellungen [oder Win −I] -> Personalisierung -> Farben kann die **Transparenz des Startmenüs** konfiguriert werden.

Unter : Startmenu -> Einstellungen [oder Win −I] -> Personalisierung -> Start kann das Startmenü immer im Fullscreen geöffnet werden.

Dies waren einige Konfigurationsmöglichkeiten des Startmenüs im Überblick. Nach den ersten Anfängen lässt sich durch ein wenig probieren leicht herausfinden, was es da noch so alles gibt! Zumal man sich auch unbedingt den Überraschungseffekt gönnen sollte zu sehen, was in der endgültigen Version noch anders geworden ist!

CMD

Die Eingabeaufforderung, oder CMD – oder das DOS-Fenster... bietet nun die Unterstützung von Strg-C, Strg-V, Strg-X.
Außerdem kann das Fenster jetzt unproblematisch bildschirm-füllend eingestellt werden. Also ohne das zunächst die Fenster- und Fensterpuffergröße konfiguriert werden muss.

Wie auch in den bisherigen Versionen kann durch Rechtsklick auf den oberen Rahmen des Fensters die Konfiguration der Eigenschaften der Eingabeaufforderung erreicht werden :

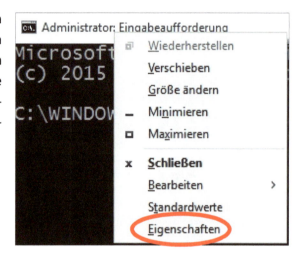

Insgesamt ist die DOS-Box nicht mehr so interessant, da die Konfiguration über die Commandline immer mehr über Powershell funktioniert. Aber für einige Sachen ist es immer noch angenehm hier zu arbeiten. Das ist sicher auch eine Frage der Erfahrung. So ist z.B. das Suchen von Dateien hier sehr angenehm, weil es auf der einen Seite um Größenordnungen (und das ist nicht übertrieben !) schneller funktioniert als im Datei-Explorer und auf der anderen Seite einfacher strukturiert ist, als in Powershell.
So findet man hier z.B. über :

`C:\>dir *test*.exe /S`

alle EXE-Dateien die das Wort "Test" im Datei-Namen haben auf dem Laufwerk C: und es werden alle Unterordner durchsucht. Das ist in Powershell ein wenig komplizierter.

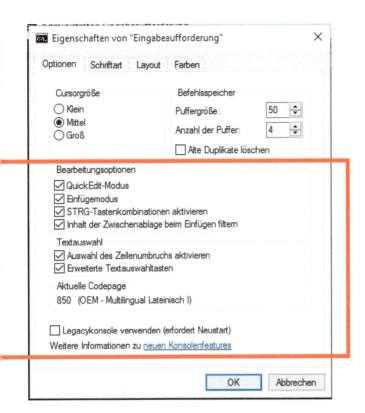

Der untere Teil der Konfigurationsmöglichkeiten ist komplett neu. Aber das Interessanteste ist und bleibt die Unterstützung von Drag and Drop. Das kopieren funktioniert also nicht nur über die Strg-Tasten sondern auch per Maus.... lange genug hat es ja auch gedauert! Aber besser spät als nie!

Cortana

Die aus den Mobile-Devices bekannte Sprachsteuerung findet sich nun auf dem PC wieder. Ein nettes Feature! Besonders die Vorstellung, wie es wohl wird, wenn in einem Großraum-Büro 50 Mitarbeiter mit ihrem Rechner reden und alle gleichzeitig : "Hey Cortana" rufen... – was – wie Sie sicher bereits vermutet haben, die Sprachsteuerung aktiviert.

Bei den ersten Tests waren dann auch Effekte zu beobachten, wie die völlige Funktionsverweigerung bei Musik im Hintergrund. Oder der Umstand, das jegliche Eingabe zum Start des Browsers mit Bing führte und der gesagte Begriff im Internet gesucht wurde...

Ebenfalls nicht besonders hilfreich war, dass das Wort Feature stets als "Fischer" erkannt wurde.

Um Cortanan zu benutzen brauchen wir ein Mikrofon. Als nächstes blenden wir dann das Suchfeld ein, über die Eigenschaften der Taskleiste.

Unten in der Ecke lauert Cortana dann auf unsere Ansage:

Wir können hier auch etwas über die Tastatur eingeben. Das Gesagte wird dann ausgewertet. Ein Klick auf das Mikro bringt dann ein Fenster über das die Ansagen angezeigt werden, wo aber auch noch Konfigurationsmöglichkeiten auftauchen.

Umschalten zwischen nur Symbol und Symbol mit Erläuterung

Über die Einstellungen kann Cortana dann konfiguriert werden.

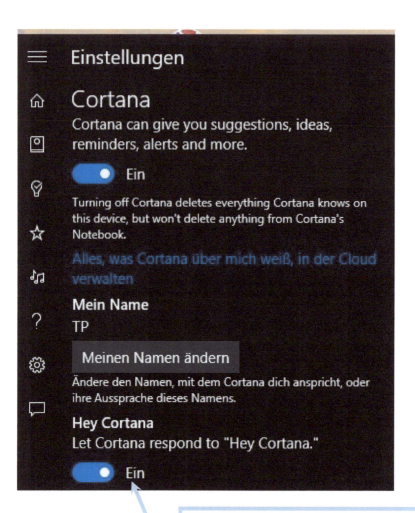

Einstellungen

Cortana

Cortana can give you suggestions, ideas, reminders, alerts and more.

🔵⚪ Ein

Turning off Cortana deletes everything Cortana knows on this device, but won't delete anything from Cortana's Notebook.

Alles, was Cortana über mich weiß, in der Cloud verwalten

Mein Name

TP

Meinen Namen ändern

Ändere den Namen, mit dem Cortana dich anspricht, oder ihre Aussprache dieses Namens.

Hey Cortana

Let Cortana respond to "Hey Cortana."

🔵⚪ Ein

Einer der wichtigeren Knöpfe findet sich hier. Durch Aktivierung lauscht Cortana auf ein "Hey Cortana" um dann einen Befehl entgegen zu nehmen.

Ansonsten muß Cortana jedesmal über einen Mausklick aktiviert werden.

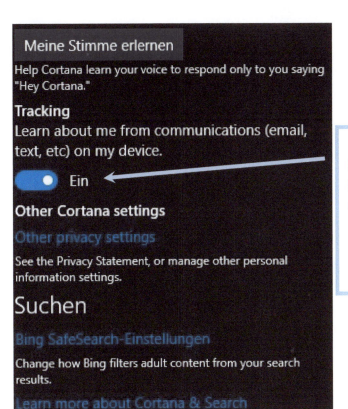

Meine Stimme erlernen

Help Cortana learn your voice to respond only to you saying "Hey Cortana."

Tracking
Learn about me from communications (email, text, etc) on my device.

● Ein

Hier soll Cortana zum lernen gebracht werden.

Other Cortana settings
Other privacy settings

See the Privacy Statement, or manage other personal information settings.

Suchen

Bing SafeSearch-Einstellungen

Change how Bing filters adult content from your search results.

Learn more about Cortana & Search

Insgesamt machte Cortana noch keinen besonders brauchbaren Eindruck. Der Versuch den Datei-Explorer zu öffnen glückte erst im 5. (fünf!) Anlauf. Auch Word konnte erst nach mehrmaligem Versuch gestartet werden. Wobei der Tester eher für eine gute und korrekte Aussprache bekannt ist!

Derartiges und das allgemeine Handling von Cortana (was muß gesagt werden, um eine bestimmte Funktion auszulösen – wurde der falsche Begriff gesagt oder war die Aussprache einfach zu schlecht...?) scheinen durchaus verbesserungsfähig.

Eine Sprachsteuerung gab es auch schon in den vorherigen Windows Versionen. Dort gab es dann auch eine echte "Lernmöglichkeit", bei der ein bestimmter Text vorgelesen werden mußte, um so die Spracherkennung zu verbessern. Der Vorteil von Cortana soll dann auch darin liegen, andere Informationsquellen, wie z.B. Mails, mit auszuwerten und daraus Schlüsse zu ziehen. Und die Integration in Edge.

Eine Auswahl der möglichen Befehle :

Wie alt bist du?

Erzähl mir einen Witz.

Wie lauten die aktuellen Spielstände in der Bundesliga?

Wie viele Kalorien hat ein gekochtes Ei?

Trage für morgen Schwimmen in meinen Kalender ein.

Verschiebe meine Verabredung von 15 Uhr auf 16 Uhr.

Was geht am Wochenende ab?

Diese "Test-Befehle" funktionieren ganz gut. Um einmal zu sehen, wie es sein könnte sind das dann auch gute Beispiele.

Edge Browser

Der neue Browser ist viel schneller, einfacher, übersichtlicher ...

Der Edge Browser – Projekt Spartan – enthält einen neuen Renderer, der die Webseiten viel schneller aufbauen soll. Was noch zu prüfen wäre ...

Einfacher ist der neue Browser auf jeden Fall. Was bedeutet : da kann um Größenordnungen weniger konfiguriert werden!

Folgendes hat Edge nun zu bieten : Import für Lesezeichen und
                                     Favoriten
                                     Passwort-Manager
                                     Drag & Drop für Tabs

Es bleibt zunächst die Frage offen, ob das auch besser ist. Der alte Browser war stark in das Betriebssystem integriert. Was spätetens dann deutlich wurde, wenn die Überprüfung von Zertifikaten zu installierender Software über den Browser deaktiviert werden musste [um die Installationsgeschwindikeit auf ein akzeptables Maß zu bringen]. Oder wenn die Weitergabe von Benutzer-Credentials an AD FS (Active Directory Federation Service) erst über den Browser freigeschaltet werden musste – selbst wenn der Rechner Mitglied in derselben Domäne war [durch Festlegen der Website als Intranet].

Es konnte derzeit noch nicht geklärt werden in wie weit sich das geändert hat. Andere Probleme, wie z.B. der Umstand dass bei der Nutzung von Intune Silverlight benötigt wird und der Edge Browser trotz erfolgter Installation Silverlight nicht erkennt, sind sicherlich Kinderkrankheiten, die sich bald legen werden.

Zur Beruhigung : den alten Internet Explorer – jetzt in der Version 11- gibt es noch. Man kann ihn weiterhin benutzen!

In den ersten Testversionen von Windows 10 konnte noch im Internet Explorer 11 (also nicht Edge...) über about:flags der neue Renderer aktivert werden. Das geht nun nicht mehr. Da bleibt die Frage : ist der immer aktiviert oder ausgebaut worden?

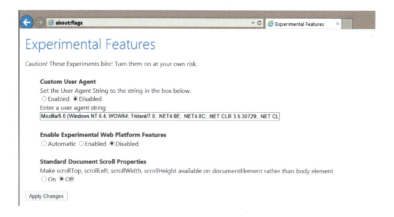

Will man Spartan konfigurieren gibt es neben den im Menu vorhandenen Optionen (unter den drei Punkten: ...) noch die Möglichkeit anstelle einer URL einfach das folgende einzutippen :

About:Flags

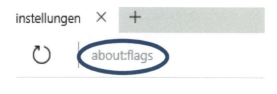

Es erscheint dann eine Seite auf der einige Einstellungen geändert werden können. Im Wesentlichen sind dies Konfigurationsoptionen, die sich auf experimentelle Features beziehen.

Alle Kennzeichen auf die Standardwerte zurücksetzen

Entwicklereinstellungen

☑ Kompatibilitätslisten von Microsoft verwenden

Experimentelle Features

Setzen Sie Ihre „Schutzbrille" auf. Diese Features sind noch in der Erprobung und können zu unerwartetem Browserverhalten führen.

Stile

☑ Vollständigen Stapelkontext für Elemente mit fester Position verwenden

☐ Leistung durch unabhängige Zusammenstellung von preserve-3d-Inhalten verbessern

☐ CSS-Filtereigenschaft aktivieren

Bildlauf

☑ Unabhängigen Bildlauf für Maus, Tastatur und Bildlaufleiste verwenden

☐ Bildlaufeigenschaften auf Text anstatt auf das Dokument anwenden

Toucheingabe

Touchereignisse

Touchereignisse aktivieren

Immer deaktiviert ▾

Mausereignisse für Toucheingabe

Kompatible Mausereereignisse als Reaktion auf die Tippbewegung auslösen

Nur aktiviert, wenn die Toucheingabe akt ▾

☐ MSPointer-Ereignisschnittstellen aktivieren

JavaScript

☐ Experimentelle JavaScript-Features aktivieren

☐ „asm.js" aktivieren

Elementeigenschaften

☐ Hover- und Active-Status an Bezeichnungen weiterleiten, die mit einem Element verknüpft sind

Barrierefreiheit

☐ Experimentelle barrierefreie Features aktivieren

Suche in der Adressleiste

Es reicht für eine Suche die entsprechenden Begriffe einzugeben. Edge schlägt dann bereits entsprechende Ergebnisse vor. Wobei das jetzt nicht wirklich neu ist ...

Hub :

Hier werden alle Informationen zusammengeführt. Das sind die Favoriten, die Leseliste, der Browserverlauf und die aktuellen Downloads.

Webseitennotiz hinzufügen

Hierüber kann direkt auf der Webseite eine Markierung gesetzt werden. Interessantes kann so direkt an Ort und Stelle bearbeitet werden!

Leseansicht

Darüber soll die Webseite in einer leichter lesbaren Form dargestellt werden.

Leseliste

Hierüber können Artikel und Inhalte gespeichert werden, um sie später zu lesen.

Und um das Paket abzurunden ist der Sprachassistent direkt an den Browser angebunden, so das die Sprachsteuerung des Browsers optimiert wurde.

Das "Zahnrad" wurde in Edge jetzt durch die Punkte abgelöst. Hier kommen wir zu den Einstellungen von Edge

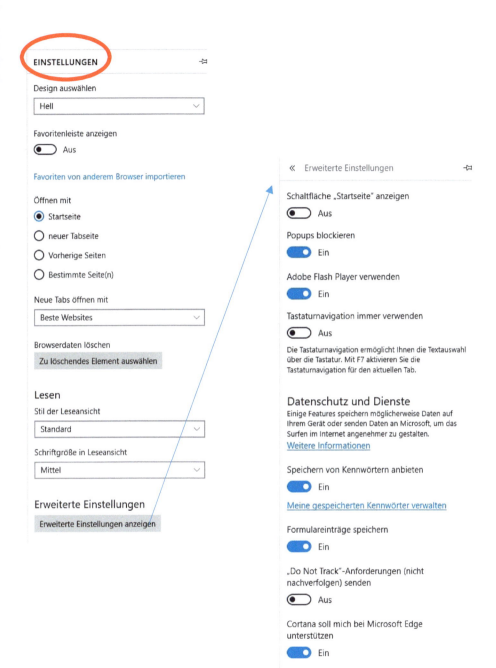

Ein weiterer Punkt im Edge Menu

ermöglicht das Teilen von Webseiten, um diese dann später – auch auf anderen Geräten – wieder ansehen zu können.

Insgesamt bietet Edge nun einige nützliche Funktionen, die auch einen echten Mehrwert bieten können. Das die Geschwindigkeit des Browser drastisch angestiegen ist, zeigte sich bisher nicht.

Continuum Tablet Mode

Der Tablet-Mode ermöglicht die Bedienung von Windows über das Touch-Pad. Also per Gesten und ohne Tastatur. Genauer gesagt soll der Übergang optimiert werden, zwischen dem Zustand in dem der Rechner über die Maus bedient wird zu dem Touch-Pad Modus. Auf einem Microsoft Rechner, dem Surface Pro 3, gibt es dann auch noch einen Stift. So erkennt Windows 10 auf einem Surface ob eine Tastatur angeschlossen ist und schaltet ohne Tastatur automatisch in den Tablet-Mode um. Auf dem Surface ist dann auch eine Funktion integriert, die dafür sorgt, dass bei der Bedienung mit einem Stift vom System der Kontakt mit dem Handballen ausgeblendet wird. So kommt es auf der einen Seite nicht zu einer Fehlbedienung, aber auf der anderen Seite kann der Handballen abgelegt werden, was die Bedienung sehr viel komfortabler macht!

Aber letztlich sieht es genau so aus wie die Kacheloberfläche in Windows 8!

Device Encryption

Dieses "neue Feature" ist wohl nicht ganz so spannend, da es sich den Gerüchten nach letztlich um BitLocker handelt. Nur das jetzt wohl auch in den kleineren Versionen von Windows BitlockerToGo – also die Bitlocker-Verschlüsselung für USB-Sticks – zur Verfügung steht, ohne das dies durch eine spezielle Richtlinie geregelt sein muss.

Virtuelle Desktops

Virtuelle Desktops ermöglichen unter Windows 10 eine bessere "Sortierung" der Desktopoberfläche. So können für jeden Arbeitsbereich eigene – virtuelle – Desktops angelegt werden, um so eine optimale Anpassung zu ermöglichen. Ob damit die Eigenheiten von Desktop-Messies in den Griff zu bekommen sind bleibt fraglich. Gut ist auf jeden Fall, das so zum Beispiel ein Desktop für die Arbeit angelegt werden kann, mit den entsprechenden Links zu den Anwendungen und ein weiterer Desktop für den privaten Bereich um hier die nur privat genutzten Apps anzubinden.

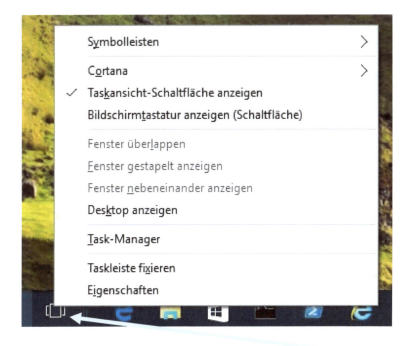

Über : (rechte Maustaste auf der Taskleiste) <u>Taskansicht-Schaltfläche anzeigen</u> (was für eine Bezeichnung!!!) wird das Symbol für die Virtuellen Desktops eingeblendet.

Durch klicken auf dieses Symbol wird dann die Auswahl der Virtuellen-

Desktops angezeigt. Der aktive Desktop wird hell dargestellt. Auf diesem aktuellen Desktop werden die dort ausgeführten Programme angezeigt.

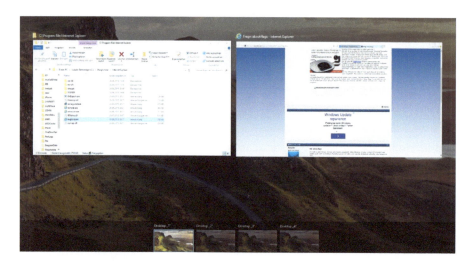

Unten rechts findet sich dann ein PLUS-Symbol. Darüber kann ein neuer virtueller Desktop angelegt werden.

Klickt man dann rechts auf eine dort angezeigte Anwendung (im oberen Bereich, bzw. in der Bildschirmmitte, nicht am unteren Rand) kann diese dann auf einen anderen Desktop verschoben oder geschlossen werden.

Ein interessanter Aspekt hinsichtlich des Starts von Apps ist, dass wenn die App **Mail oder Kalender** in einem VD bereits offen ist, und Sie die App in einem anderen VD öffnen wollen, wechselt

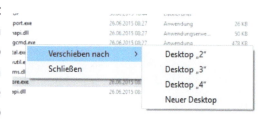

Windows automatisch zu der bereits gestarteten App in dem ersten VD.

Ansonsten kann der Desktop den jeweiliegen Wünschen angepasst werden.

Integrierter Identifikationsschutz

Für die sichere Authentifizierung hat Microsoft einige neue Features in Windows 10 integriert. Wichtig ist dabei, dass die Ursprungsdaten (Bild, Fingerabdruck, Irisscan, etc.) nicht über das Netz übertragen werden, sondern es wird hier eine asymmetrische Verschlüsselung verwendet – wie bei Kerberos.Aus den zugrunde liegenden Daten wird ein Hashwert errechnet. Dieser Hashwert wird dann übertragen und ist die Grundlage für die Authentifizierung.

Windows Hello   Passwort und Pin werden überflüssig! Über Windows Hello werden biometrische Userdaten, wie zum Beispiel die Aufnahme eines Gesichtes, ein Fingerabdruck-Scan oder ein Iris-Scan verwendet. Aktuelle Fingerabdruck-Scanner werden dabei von Microsoft unterstützt. Für die Gesichtserkennung oder den Iris-Scan ist dann die Intel-Real-Sense-Camera erforderlich. Damit können auch Infrarotaufnahmen gemacht werden, um so die Verwendung von Bildern, anstelle eines menschlichen Gesichtes, unmöglich zu machen.

Microsoft Passport   Über Microsoft Passport soll ein Single Sign On ermöglicht werden.

Die Anstrengungen von Microsoft hinsichtlich der sicheren Authentifizierung, laufen zusammen mit der FIDO Alliance zu der über 200 Firmen gehören, unter anderem auch Google. So soll die Kompatibilität zu zukünftigen Entwicklungen sichergestellt werden.

Verbesserungen für den Schutz vor Datenverlusten

Schutz vor Datenverlusten (DLP : Data Lost Prevention)
Windows 10 bietet einen erweiterten Schutz innerhalb der Apps und Dateien - unabhängig von den eingesetzten Devices. Das heißt es werden nicht nur die gespeicherten Daten verschlüsselt, sondern die Daten werden über ihre Weitergabe hinaus geschützt.

In diesem Zusammenhang wird mit der Verwendung von Containern gesprochen. Bisher ist noch unklar, wie diese Funktionalität konkret umgesetzt werden soll. Informationen dazu gibt es – noch – nicht! Es fällt nur auf, dass in den Dateieigenschaften unter Sicherheit / Erweiterte Berechtigungen von der Vergabe von "Rechten für Container" gesprochen wird – nicht mehr von Ordnern. Wobei es derzeit völlig offen ist, ob da tatsächlich ein Zusammenhang zu erkennen ist, oder ob – wie es bei Microsoft häufiger der Fall ist – schlicht eine inkonsistente Verwendung der Begriffe vorliegt. Soll sich die Funktion jedoch auf Docker-Container beziehen, so ist dies nur im Zusammenspiel mit einem Windows 2016 Server vorstellbar.

Eingebauter Malware-Schutz für Apps: Erlaubt Firmenkunden, die Nutzung von bestimmten Applikationen im Unternehmenseinsatz freizugeben und auf vertrauenswürdige Applikationen zu beschränken.

Derzeit (Build 10158) ist noch völlig unklar wie die Umsetzung dieser Funktionen konkret aussehen soll. In allen Pubblikationen werden diese Themen nur sehr vage beschrieben.

Zu beiden Themen gab es bisher jedoch schon Funktionen, die entsprechende Möglichkeiten umgesetzt haben. So kann mit RMS (Right Management Service) von der Word- oder Excel-Datei bis zur Mail alles geschützt werden. Bei Weitergabe der Daten kann der Empfänger nur im Rahmen seiner Rechte die Daten verwenden.

Auch den Einsatz von Apps einzuschränken ist nicht neu. Bisher konnte dies in Unternehmen über Gruppenrichtlinien durchgesetzt werden. Das Zauberwort dazu lautet : AppLocker. Der neue Ansatz von Microsoft dazu lautet Device Guard. Darüber werden wir weiter unten berichten.

App-Store

Mit Windows 10 kommt ein neuer App-Shop einher. Oder eher eine optische Retusche desselbigen. In dem WebShop stehen einige Anwendungen zur Verfügung, die teilweise kostenfrei genutzt werden können. So findet sich z.B. eine App für Dropbox. Wenig überraschend, da hier ja mit der Nutzung des durch die App angebunden Cloud-Speichers Geld verdient werden soll.

Überarbeitet wurden aber die Ansichten der einzelnen Apps. Anstelle des bisherigen Designs, welches mit vertikalen Elementen bzw. Spalten arbeitet, findet sich nun ein horizontales Layout. Ganz oben sind nun Logo, App-Name, Sterne und Preis (bzw. "Kostenlos") zu finden. Darunter anschließend (statt daneben, wie bisher) ist die Beschreibung der Anwendung aufgeführt. Exaktere Ratings und Reviews sind weiter unten eingefügt. Das Element kann auch eingeklappt werden.

Mit Sicherheit ist der neue Store aber noch nicht fertig. Es fehlen beispielsweise Screenshots und auch technische Angaben wie App-Größe, Version, Berechtigungen und Systemvoraussetzungen lassen sich noch nicht finden. In wie weit diese Freischaltung, die man bisher nur auf der US-WebSite von Microsoft sehen konnte, Absicht oder ein Versehen ist, bleibt ebenfalls unklar.

Updates

Die Updates kommen jetzt schneller. Weiterhin kann man seine Updates danach einstellen, ob sie nach dem Fast-Ring, also so schnell wie es nur geht, heruntergeladen werden. Die andere Option ist der Slow-Ring. Da werden die Updates erst getestet. Wenn sie als stabil eingestuft werden können, werden sie installiert. Natürlich mit den entsprechenden Vor- und Nachteilen.

Weiteres dazu in dem Abschnitt Windows Update for Business.

Windows Apps : Photo, Map, Mail...

Mit Windows 8 und 8.1 kam eine Reihe vorinstallierter Apps. In Windows 10 werden diese Apps ein Update erfahren. Die Oberflächen werden überarbeitet und das neue Design angepasst. Die Apps werden in eigenen, in der Größe veränderbaren Fenstern in der jeweiligen Desktop-Umgebung (siehe auch Virtual Desktops) gestartet.

Das ist das neue Styling von Mail :

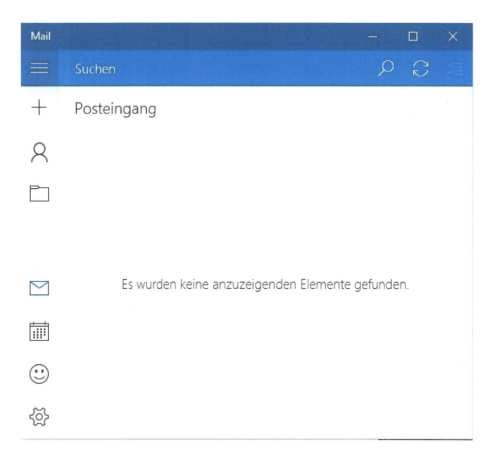

Von der Funktion hat sich wenig geändert. Mit dem ersten Aufruf wird abgefragt welches Mailkonto / welche Mailkonten angebunden werden sollen.

Auch der Kalender bringt keine so großen Überraschungen :

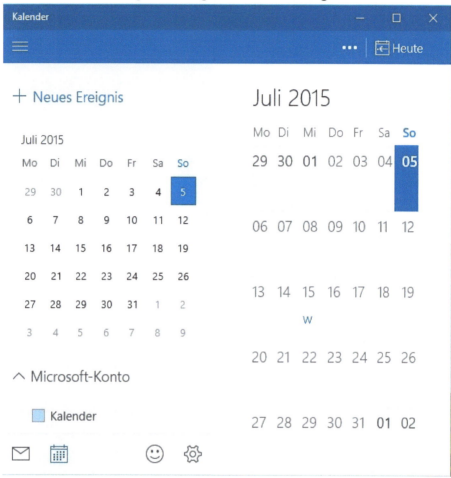

Bei diesen "Office" – Apps ist ohnehin die Frage ob hier im beruflichen Umfeld dann nicht eher Outlook oder Office365 eingesetzt wird. Aber das sieht inzwischen ähnlich aus, kann nur mehr.

Universal Apps - Eine für Alle

Microsoft möchte mit dieser Strategie möglichst viele User erreichen. So erreicht Microsoft mit seinem Betriebssystem ein wesentlich größeres Markpotential. Und Geld wird in diesem Bereich über die Menge verdient! Und da es schon immer die Frage war - wenn etwas angeschafft werden soll : "was kann ich damit anfangen?" ist es nur logisch, die zur Verfügung stehenden Anwendungen – also Apps – einem möglichst breiten Publikum zur Verfügung zu stellen.

Der Effekt für den User: eine Anwendung läuft auf allen Geräten! Eine Oberfläche, ein Look & Feel. Microsoft spricht hier auch von UX : User Experience.

Für den Programmierer bedeutet das : ein API (Application Programming Interface), so dass derselbe Code auf allen Geräten läuft.

Die Apps laufen auf dem Desktop in einer Fenster-Umgebung. Dadurch bringen sie auf einer Reihe von Hardware eine bessere Performance.

Windows 10 ermöglicht das Aufzeichnen von Gameplay-Videos auf dem PC. Mit der Tastenkombination Windows+G öffnet der Spieler das sogenannte DVR-Menü, aus dem heraus sich aufgezeichnete Spielszenen aufrufen und hochladen lassen. Die letzten 30 Sekunden Gameplay werden automatisch aufgezeichnet. Wer will, zeichnet weiter auf oder macht Screenshots – und teilt die Inhalte per Tastendruck mit Xbox-Freunden oder in sozialen Netzwerken.

Neu ist Cross-Platform-Play: So kann dann über einen PC gegen Xbox-Spieler im Multiplayer-Modus angetreten werden - soweit Spiele darauf ausgelegt sind. Das soll als einer der ersten „Fable Legends" können. Die Neuauflage des Rollenspiels erscheint sowohl für die Xbox One als auch für Windows 10.

Über das heimische Netzwerk greifen Sie künftig von Ihrem PC aus auf die Spielebibliothek Ihrer Xbox One zu. Die Games lassen sich dann per Streaming-Verfahren auf Ihrem PC spielen – oder auf dem Tablet.

Daneben gibt es einen Aktivitäts-Feed, Nachrichten sowie die Freundesliste auf Smartphones, Xbox One, PCs und Tablets. Weiter denkt Microsoft darüber nach, auch das Streamen von PC-Inhalten auf die Xbox zu realisieren

Windows 10 Enterprise

Die Windows 10 Enterprise Edition bringt neben den anderen Features noch die Möglichkeit, die Rechner in eine Domäne aufnehmen zu können. Dazu gehört dann natürlich auch die Steuerung der Rechner über zentral verwaltete Gruppenrichtlinien (GPOs). Und es gehört letztlich auch Bitlocker dazu. All diese Features sind nicht neu. Die wirklichen Neuigkeiten im Enterprise-Bereich werden erst dann ersichtlich werden, wenn Windows 2016 erscheint : die neue Server Version des Microsft Betriebssystems.

Dort werden dann viele Dinge Einzug halten, die letztlich immer die Client-Systeme betreffen und steuern.

Remote Access Service

Bei den Remote Access Services hat sich unter Windows 10 eher wenig getan. RDP – Verbindungen sind nach wie vor möglich. Auch andere "Remote-Verbingen" wie VPN und Direct Access laufen. Die Konfiguration läuft über die Systemsteuerung, hier ein Ausschnitt :

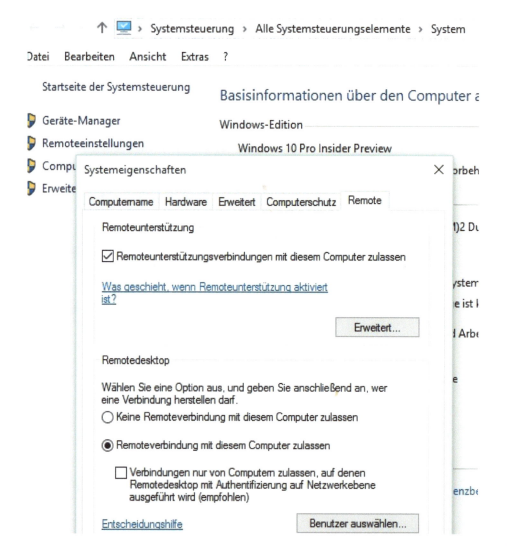

Windows Update for Business

Hintergrund dieses neuen Verfahrens ist die schnellere Versorgung der User, bzw. der Unternehmen mit Updates zum Betriebssystem. Ähnlich wie bei Apple sollen zukünftig die Erweiterungen, neuen Features, Sicherheits-Patches und Updates schneller und fortlaufend übermittelt werden. Der Patchday bleibt erhalten. Es werden zusätzliche Möglichkeiten zur Aktualisierung angeboten.

Mit der neuen Systematik sollen die Unternehmen mehr Möglichkeiten erhalten, die Updates zu steuern. Es sollen jedoch nicht WSUS und SCCM abgelöst werden sondern die Technologien sollen zusammenarbeiten.

Windows 10 wird den Anwendern dann auch als Update zur Verfügung stehen.

Die Steuerung der Updates funktioniert über Richtlinien. Wie das konkret umgesetzt werden soll ist zur Zeit noch nicht klar ersichtlich. Von Microsoft gibt es dazu noch keine konkreten Informationen und die GPOs haben sich in dieser Hinsicht nicht geändert – da ist alles wie bisher...

Installationsart für Updates auswählen

Bel Download benachrichtigen

Wählen Sie aus, wann Sie Updates herunterladen möchten. Sie werden benachrichtigt, wenn ein Neustart erforderlich ist.

☑ Updates für andere Microsoft-Produkte bereitstellen, wenn ein Windows-Update ausgeführt wird

☐ Upgrades zurückstellen
Weitere Informationen

Updateverlauf anzeigen

Übermittlung von Updates auswählen

Mit der Fast/Slow-Ring-Verteilung von Updates kann gesteuert werden, wie aktuell die Updates auf den Rechnern installiert werden sollen.

Insider-Builds abrufen

Sie haben alle Einstellungen für das Abrufen von Insider-Builds vorgenommen.

Abrufen von Insider-Builds beenden

Wählen Sie aus, wie Sie Insider-Builds abrufen möchten. Nach dem Ändern der Einstellungen kann es eine Weile dauern, bis Sie einen Insider-Build erhalten.

Fast

Im Fast-Ring geht das schnell – mit dem Risiko das etwas noch nicht endgültig getestet ist und zu entsprechenden Problemen führt.

Wenn die Updates erst verteilt werden sollen wenn sie ausreichend getestet und stabil sind, wird der Slow-Ring ausgewählt.

Hier wird es u.U. später noch die Möglichkeit geben eigene Ringe zu definieren.

Im nächsten Kapitel besprechen wird LTSB. Dies kann als Ergänzung der "Update- Ringe" betrachtet werden.

Weiterhin wirs wohl standardmäßig unterhalb von LTSB noch ein Ring 3 hinzukommen.

Long Term Servicing Branch LTSB

LTSB soll den Unternehmen 10 Jahre lang Support für das Betriebssystem garantieren. Das enthält jedoch **nur** Sicherheitsupdates. Neue Funktionen werden den Unternehmen damit nicht zur Verfügung gestellt! Daher wird in den LTSB – Lizenzen auch nicht der Edge-Browser enthalten sein, sondern nur der Internet Explorer 11. Was dann auch bedeutet, das unter Umständen einige Apps im Laufe der Zeit auf diesen Systemen nicht mehr funktionieren![1] In einem Blog hat Jim Alkove von Microsoft dies als Sicherheitsfeature dargestellt. Denn in einem System in dem sich nichts ändert (also auch keine Neuerungen implementiert werden) sinkt das Risiko von Fehlfunktionen – aufgrund neuer Features – drastisch! Was nicht ganz unlogisch ist ... . In diesem Blog wird jedoch als Zeitraum für den erweiterten Support eine Zahl von 5 Jahren angegeben. Auch hier taucht der Effekt auf, das 4 Veröffentlichungen von Microsoft 8 verschiedene Informationen enthalten.

Man wird sehen.

Microsoft wird drei Bereiche anbieten :
Current Branch (CB) : die User erhalten die Sicherheitspatches direkt nach ihrer Veröffentlichung. Ebenfalls alle neuen Funktionen.
Für Windows 10 Pro, Enterprise und Education gibt es alternativ den **Current Branch for Business**. Darüber werden von Microsoft Sicherheitsfixes sofort, neue Funktionen jedoch zeitlich verzögert ausliefert.
Der **Long Term Servicing Branch** ist ausschließlich für Windows 10 Enterprise – Kunden vorgesehen.

Hier eine Übersicht der möglichen Kombinationen :

---

[1] von Stefan Beiersmann am 10. Juni 2015, 08:05 Uhr / ZDNet / Workspace

Edition	Service Model	Update Lieferung
Windows 10 Home	Current Branch	Windows Update
Windows 10 Pro	CB CB for Business	Windows Update Win Update for Business WSUS
Windows 10 Enterprise	CB CB for Business LTSB	Windows Update Win Update for Business WSUS
Windows 10 Education	CB CB for Business	Windows Update Win Update for Business WSUS

Windows 10 mobile

Das nächste Bestriebssystem für Mobile-Devices wird bei Microsoft das gleiche für die Tablets und PCs : Windows 10!
Neben einem gleichen Look & Feel wird es auch eine (vielleicht fast...) identische Funktionalität geben. Auf jeden Fall steigt die Wahrscheinlichkeit, dass man mit seinem Microsoft-Smartphone[2] besser zurecht kommt, weil es eher vertraut ist.

Hier stehen dann natürlich auch alle Windows Apps zur Verfügung. Daneben wird es für Windows 10 mobile eine auf die speziellen Bedürfnisse angepasste Version Continuum for Phone geben. Ebenso Office wird in einer Touch optimierten Office-Version bereitgestellt. Dann gibt es noch weitere Produktivitäts- und Sicherheitsfeatures in Unternehmensumgebungen. Für das Update gibt es das Update Management for Business.

---

[2] Wobei es der Begriff Smartphone eigentlich nicht mehr wirklich trifft. Das Nokia 930 hat inzwischen eine Bildschirm-Auflösung die besser ist als die so mancher PCs. Auch können auf diesen Geräten die Programme der gesamten Office-Pallette ausgeführt werden. Es ist noch nicht lange her, da wäre jeder PC damit völlig überfordert! Die Welten wachsen zusammen!

Device Guard

Über diese Funktion kann das Gerät in einen Zustand versetzt werden, in dem ausschließlich vertrauenswürdige Programme ausgeführt werden können. Auch aus dem Internet-Browser heraus.

Bevor die App ausgeführt wird, prüft das Betriebssystem ob die App vertrauenswürdig ist. Um dies zu entscheiden muß die App eine Signatur einer vertrauenswürdigen Stelle haben – Trusted Autority. Dies funktioniert genau wie bei den Zertifikaten. Und letztlich ist eine solche Signatur nichts anderes als ein Zertifikat. Über die Signatur wird festgelegt, von wem die App ist und wie das Programm beschaffen ist. Das System kann dann überprüfen ob die App verändert wurde und ob die ausgebende Stelle vertrauenswürdig ist.

Die vertrauenswürdige Stelle ergibt sich aus drei unterschiedlichen Möglichkeiten :

1.) Die App stammt aus dem Microsoft App-Store. Hier prüft Microsoft ob mit der App alles in Ordnung ist. Der App-Store wird immer als vertrauenswürdig anerkannt.

2.) Die App hat eine Signatur die nicht aus dem App-Store stammt. Dann muß die Signatur – bzw. die Stelle, die die Signatur erstellt hat – als vertrauenswürdig anerkannt werden und schon ist alles OK.

3.) Microsoft wird ein Tool zur Verfügung stellen, über das eine App und alle zugehörigen Binaries mit einem Hashwert versehen werden. Dadurch kann dann jederzeit geprüft werden ob da immer noch genau die App gestartet werden soll, die signiert wurde, oder ob inzwischen eine Veränderung stattgefunden hat.

Zur Absicherung von Apps wird es noch einiges mehr geben. Auch die Absicherung von Apps in virtuellen Maschinen, so dass selbst wenn der Hyper-V Host gekapert wurde, keine Möglichkeit besteht an die Daten der VM heranzukommen. Das werden wir jedoch in einem anderen Buch besprechen.

Windows Explorer

Beim Explorer ist alles beim alten geblieben, fast ...

sieht nur alles anders aus...

Dann suchen wir mal :

Bei suchen kommen wir dann in den Such-Modus :

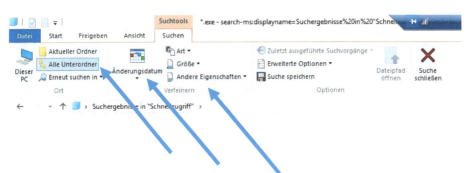

Da haben wir zur Suche dann ein paar nette Optionen.

Die darunter liegenden Ebenen sind dann wieder wie früher.

Windows 10 Installation und Konfiguration

Windows 10 installation und Upgrade

Die Installation von Windows 10 ist recht easy – die DVD einbinden, starten und :

Dann bekomme ich folgende Optionen :

bisher nichts Neues.

Dann das Upgrade von Windows 8 Enterprise aus :

Wichtige Updates abrufen

Diese Updates ermöglichen die reibungslose Installation und können wichtige Fehlerkorrekturen und aktualisierte Gerätetreiber umfassen.

○ Updates herunterladen und installieren (empfohlen)

● Nein, danke

Dann diese Meldung :

Windows 10 kann auf diesem PC nicht ausgeführt werden.

Unten sind die Gründe aufgeführt.

❌ Sie müssen mindestens 2 GB RAM installieren, bevor Sie Windows 10 installieren und ausführen können. Wenden Sie sich an den PC-Hersteller, um zu fragen, ob Sie mehr RAM installieren können.

Der Rechner hatte nur 1 GB RAM!

Lizenzbedingungen

Bitte lesen Sie die Bedingungen, bevor Sie ihnen zustimmen.

Dann die Frage was bleiben soll.

Die Änderung der Sprache liegt jetzt daran, das eine deutsche Installation auf eine englische Windows 7 Basis installiert werden soll.

Dann die Abschlussfrage :

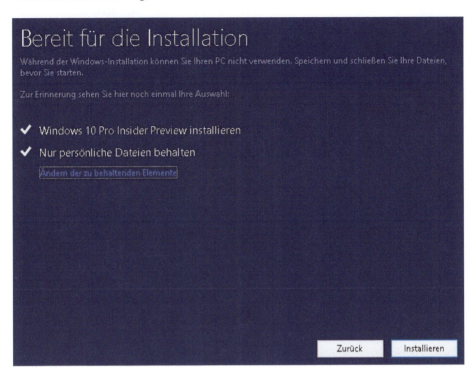

Und dann gehts auch schon los :

Danach noch die Frage ob man selbst Hand anlegen möchte :

Dann noch den neuen User angeben :

Konto für diesen PC erstellen

Wenn Sie ein Kennwort verwenden möchten, dann wählen Sie ein Kennwort aus, das leicht zu merken, aber von anderen schwer zu erraten ist.

Von wem wird dieser PC genutzt?

Benutzername

Achten Sie auf Sicherheit.

Kennwort eingeben

Kennwort erneut eingeben

Kennworthinweis

Und dann dauert es nicht mehr lange ...

Es dauert nicht lange. und dann sind wir fertig!

Windows 10 Konfiguration

Die Windows Konfiguration finden wir im Startmenu unter Einstellungen und unter Systemsteuerung. Im Startmenu selbst haben wir kein Kontextmenü. Nur auf dem Starmenü-Symbol selbst haben wir dann ein Kontextmenü :

Programme und Features

Mobilitätscenter

Energieoptionen

Ereignisanzeige

System

Geräte-Manager

Netzwerkverbindungen

Datenträgerverwaltung

Computerverwaltung

Eingabeaufforderung

Eingabeaufforderung (Administrator)

Task-Manager

Systemsteuerung

Explorer

Suchen

Ausführen

Herunterfahren oder abmelden   >

Desktop

Einstellungen

Neben der Systemsteuerung haben wir nun den Bereich : "Einstellungen" :

User

Zu den Usern haben wir zum einen ein Kontext-Menü auf dem aktuellen User:

Darüber kommen wir dann zu den Einstellungen aus dem Bereich : Einstellungen\Konten.

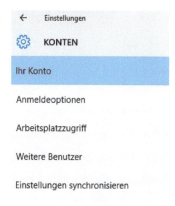

Mit den entsprechenden
Möglichkeiten :

Thomas Peter
ThPeter@w247.de
Administrator

Abrechnungsinfo, Jugendschutzeinstellungen, Abonnements,
Sicherheitseinstellungen und mehr

Mein Microsoft-Konto verwalten

Stattdessen mit einem lokalen Konto anmelden

Und dann können im unteren
Bereich Synchronisierungsoptionen
eingerichtet werde:

Ihr Bild

Einstellungen synchronisieren

Synchronisiert Windows-Einstellungen mithilfe von
thpeter@w247.de mit anderen Geräten.

Wie funktioniert die Synchronisierung?

Synchronisierungseinstellungen

◉ Ein

Durchsuchen

Einzelne Synchronisierungseinstellungen

Design
◉ Ein

Ihr Bild erstellen

Webbrowsereinstellungen
◉ Ein

 Kamera

Kennwörter
◉ Ein

Andere verwendete Konten

Spracheinstellungen
◉ Ein

Microsoft-Konto hinzufügen

Erleichterte Bedienung
◉ Ein

Geschäfts- oder Schulkonto hinzufügen

Weitere Windows-Einstellungen
◉ Ein

Systemsteuerung

Im Prinzip hat sich die Systemsteuerung kaum verändert. Was etwas verwirrend ist, ist der Umstand, das einiges – z.B. Windows Update – hier verschwunden ist ... weil es sich unter Einstellungen wiederfindet. Den Punkt Benutzerkonten gibt es hier aber noch. Jedoch ist das nur ein Link über den man dann auch wieder im Bereich "Konten" der "Einstellungen" landet.

Powershell

In Windows 10 findet sich die Powershell Version 5 wieder. Die Neuerungen beziehen sich darauf, dass nun in Powershell selbst Klassen neu angelegt werden können. Daneben wird DSC (Direct State Configuration) verbessert. Desweiteren sind einige Powershell Befehle angepasst. Im Wesentlichen beziehen sich die Änderungen auf den Einsatz im Unternehmensnetzwerk. Und damit ist Powershell eher für den Einsatz aus dem Server interessant. Daher werden wir hier auf Powershell nicht weiter eingehen.

Über den Autor

Thomas Peter hat nach dem Studium der Wirtschaftsinformatik in den verschiedensten Bereichen der IT gearbeitet. Neben der administrativen Betreuung verschiedener Netzwerkumgebungen hat er viele IT-Projekte umgesetzt. Seit ca. 8 Jahren arbeitet er schwerpunktmäßig als Microsoft Certified Trainer (MCT) im Bereich der Microsoft Server-Systeme. Neben den reinen Servern gehört auch der Microsoft Mailserver Exchange zu seinen Schwerpunkten.

www.ingramcontent.com/pod-product-compliance
Lightning Source LLC
Chambersburg PA
CBHW041145050326
40689CB00001B/497